NOTICE

DES TABLEAUX

DU MUSÉE DE LYON,

Par F. ARTAUD,

Directeur du Musée et de l'Ecole Royale des
Beaux-Arts.

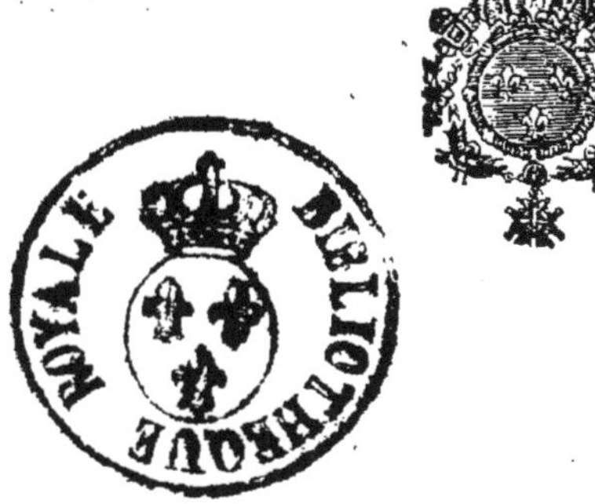

BIBLIOTHÈQUE ROYALE

LYON,

De l'Imprimerie de LAMBERT-GENTOT,
Libraire, grande rue Mercière, n.º 29.

M.DCCC.XX.

AVIS.

Le Musée est ouvert au Public les Dimanche et Jeudi de chaque Semaine, depuis onze heures jusqu'à deux. On n'y laisse point entrer les enfans en bas âge, ni les personnes qui ont des cannes ou des parapluies.

30844

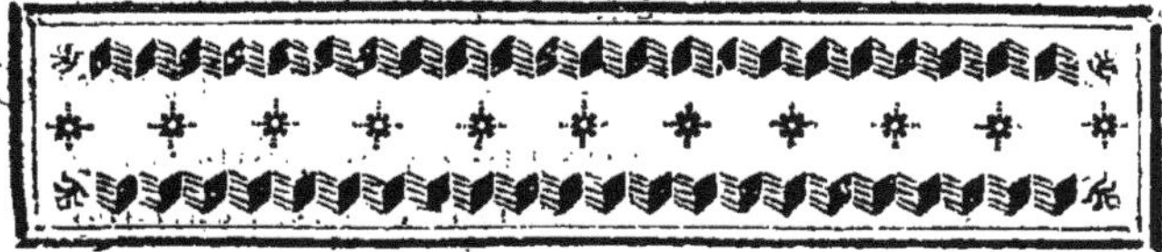

SALON

DES FLEURS.

1.—Alexandre-François DESPORTES, né à Champigneul en Champagne en 1661, mort à Paris en 1749, élève de Nicasius. *Ecole française.*

Des canards et des fruits auprès d'une fontaine; dans la partie supérieure, trois perroquets autour d'un bassin rempli de pêches et de raisins; *hauteur 5 pieds 11 pouces, largeur 6 pieds 1 pouce.*

2.—Adrien Vander KABEL, né à Ryswick en 1668, mort à Lyon, en 1695.

Nature morte, meubles, vases, etc. ; *haut. 6 pieds 6 pouces, larg. 5 pieds.*

3.—DESPORTES.

Un lièvre, une perdix et des pêches, sur une fenêtre entourée d'une treille.

4.—Un chien de chasse regardant un groupe de gibier étendu au pied d'une fontaine. Dans la partie supérieure est un vase rempli d'abricots, groupé avec d'autres fruits.

5.—Un lièvre, un fusil, des perdrix et autres oiseaux, placés autour d'un rosier.

6.—Un canard, une bécasse et des fruits, posés sur une fenêtre entourée d'une treille. Ces quatre tableaux, de nature morte, ont été acquis par les soins de M. Evesque , adjoint de M. le Maire et administrateur du Conservatoire des arts ; *haut. 3 pieds 7 pouces , larg. 2 pieds 10 pou.*

7.—Un vase de fleurs sur un autel antique , attribué à BAPTISTE , mais dont la manière ressemblerait plutôt à celle de VANDER-KABEL , mort à Lyon en 1695 ; *haut. 4 pieds 6 pouces , larg. 3 pieds 7 pouces.*

8.—François DESPORTES.

Un paon , devant un panier de raisins , placé sur la terrasse d'un jardin ; au bas est un singe prenant un de ses fruits suspendu sur sa tête ; *haut. 6 pieds 4 pouces , larg. 5 pieds 7 pouces.*

9.—M. BERJON, professeur à l'Ecole Royale des Beaux-Arts.

Une corbeille de fleurs , groupée avec un melon et des raisins; tableau acquis par les soins de M. le comte de Sathonnay ; *haut. 3 pieds 4 pouc., larg. 2 pieds 8 pouces.*

10.—Jean-David de HÉEM, né à Utrecht en 1600, mort à Anvers en 1684, élève de son père David de Héem.

Un cartouche entouré de fleurs et de fruits, supporté par deux aigles et deux cornes d'abondance , dans le milieu est le portrait d'un Stathouder , et au-dessous, un lion tient une orange , armes parlantes de la famille de ce prince.

Ce tableau se voyait autrefois au Musée de Paris, sous le n.° 300. *Ecole flamande; h. 4 pieds, larg. 3 pieds 6 pouces.*

11.—M. BONY de Lyon, dessinateur et fabricant d'étoffes de soie.

Un vase de bronze rempli de fleurs rares. Sur le devant, on voit un nid et des oiseaux étrangers becquetant des groseilles ; *haut. 3 pieds 7 pouces , larg. 2 pieds 9 pouces.*

M. Bony , connu par ses talens et par son amour pour les arts , a bien voulu donner ce tableau au Musée , à l'occasion du passage en cette ville de S. A R. Monsieur , frère du Roi.

12.—M.me BRUYÈRE , née Lebarbier.

Un vase de terre rougeâtre , posé sur une tablette de marbre : Roses, renoncules, oreilles d'ours , reine-marguerites , etc.

L'auteur de ce charmant ouvrage , qui s'est fait remarquer dans la peinture en plus d'un genre , est fille d'un artiste distingué et femme d'un lyonnais célèbre dans le corps du génie.

S. Exc. le Ministre de l'intérieur a bien voulu accorder ce tableau au Musée de Lyon ; *h. 2 p. 11 p. , l. 2 p. 4 p.*

13.—Abraham MIGNON , né à Francfort en 1640 , mort en 1679. *Ecole flamande.*

Un vase de fleurs , renversé par un chat , au moment où il veut saisir une souris qui s'échappe de la souricière ; *haut. 2 pieds 8 pouces , larg. 2 pieds 1 pouce.*

14 et 20.—Jean MONNOYER, dit BAPTISTE, né à Lille en 1635 , mort à Londres en 1699. *Ecole française.*

Ces deux petits tableaux , peints sur cuivre , ont été donnés au Musée par feu M. Leclerc de la Colombière , professeur de mise en carte, à l'Ecole des Beaux-Arts de Lyon ; *haut. 9 pouces , larg. 8 pouces.*

15 et 19.—M. VANDAEL , peintre moderne à Paris.

1.° Un vase posé sur un socle de Marbre : pivoines , roses blanches , tulipes , etc.

2.º Une corbeille de fleurs : roses, giroflées, impériales, pivoines, renoncules, etc.

Ces deux tableaux sont dus aux soins de M. le comte de Sathonnay, n.º 9 ; *haut. 2 pieds, larg. 1 pied 7 pouces : n.º 10 ; haut. 2 pieds, larg. 1 pied 8 pouces.*

16 et 18.—BIDAULT, de Carpentras, mort à Lyon en 1813.

Des oiseaux, nature morte ; *haut. 10 pouces, larg. 7 pouces.*

17.—Jean Van HUYSUM, né à Amsterdam en 1682, mort en 1749, élève de Just Van Huysum son père. *Ecole flamande.*

Un vase rempli de roses, de tulipes, pavots et autres fleurs, posé dans une niche, et au pied duquel est un nid d'oiseaux. Ce chef-d'œuvre a été acheté par la ville et par la société des amis du commerce et des arts ; *haut. 2 pieds 5 pouces, larg. 1 pied 10 pouces.*

21. — Pierre-François Van BROUSSEL, d'Anvers.

Un vase rempli de roses, de pivoines, d'oreilles d'ours, de giroflées. Au bas et à gauche, est un nid d'oiseaux ; à droite, sont des pêches et des raisins groupés sur une tablette de marbre. Ce tableau figurait, il y a quelques années, au Musée de Paris. Il est daté de 1781 ; *haut. 2 pieds 4 pouces, larg. 1 pied 10 pouces.*

22.—Les 7 Sacremens, avec leurs bordures, dessins attribués à Pesne, graveur du Poussin, donnés par M. François Grognard, ancien inspecteur du mobilier de la couronne ; *haut. 2 pieds 1 pouce, larg. 3 pieds 1 pouce.*

GALERIE
DU MUSÉE.

1.—LÉANDRE BASSAN, né en 1558; mort en 1623. *Ecole vénitienne.*

Assaut d'une ville d'Italie, peut-être celle de Naples, par Charles VIII.

Dans le tableau, n.º 28, du même maître, qui fait pendant à celui-ci ; on voit le Roi de France victorieux, recevant la couronne de Naples sur le champ de bataille ; *hauteur 7 pieds 3 pouces, larg. 11 pieds 2 pouces.*

2.—PHILIPPE de Champagne, né à Bruxelles en 1602, mort à Paris en 1674, élève de Fouquières. *Ecole flamande.*

Hercule et Pallas, sujet allégorique ; *haut. 3 pieds 10 pouces, larg. 2 pieds 10 pouces.*

3.—Francesco ALBANI, né à Bologne en 1578, mort dans la même ville en 1660, élève de Louis Carrache et du Guide. *Ecole lombarde.*

Le Baptême de Jésus-Christ par Saint Jean.

Jésus, aux rives du Jourdain, reçoit le baptême des mains de saint Jean : un ange soulève la draperie qui couvre ses épaules, un autre ange prépare le linge qui doit essuyer ses pieds. Dieu le Père, le Saint Esprit et des séraphins, groupés sur des nuages, contemplent cette cérémonie; *haut. 2 pieds 5 pouces, larg. 3 pieds.*

4.—PHILIPPE de Champagne.

La Cène. Le caractère de vérité et de simplicité qui se fait remarquer dans les traits et dans l'expression des Apôtres (dit l'Auteur de la notice du Musée de Paris), avait donné lieu de croire que le peintre avait introduit dans sa composition les portraits de quelques-uns des Solitaires de Port Royal , avec qui l'Auteur était très-lié : Antoine le Maître , Arnault d'Andilly , Blaise Pascal, etc. Mais cette opinion n'est pas autrement fondée , du moins est-il certain que le fameux docteur Antoine Arnault n'a aucune ressemblance avec la figure de Judas , quoique plusieurs personnes l'aient affirmé.

Philippe de Champagne a répété deux fois le même sujet avec quelques changemens. Celui-ci se voyait autrefois au Musée de Paris , sous le n.° 2y8 ; *haut. 5 pieds 6 pouces , larg. 8 pieds 1 pouce.*

5. — Michel Janson MIEREVELD , né à Delf en 1568 , mort en 1641. *Ecole hollandaise.*

Portrait à mi-corps , d'une dame vêtue de noir; *haut. 3 pieds 6 pouces, larg. 2 pieds 7 pouc.*

6. — Francesco ALBANI : la prédication de Saint Jean dans le désert.

Des vieillards, des jeunes gens, des enfans et leurs mères , assis dans le désert , sont attentifs à la parole du précurseur de Jésus.

Ce tableau et celui du n.° 3 faisaient autrefois partie de la collection du cabinet du Roi; *haut. 2 pieds 6 pouces , larg. 3 pieds.*

7. — Mattia Preti , dit le CALABRÈZE , né en 1613 , mort en 1699. *Ecole napolitaine.*

Sophonisbe, pâle et défigurée , ressent déjà l'effet du poison qu'elle vient de prendre ; *h. 6 pieds 2 pouces , larg. 5 pieds 5 pouces.*

8.—Andrea del SARTO, né à Florence en 1488, mort en 1530. *Ecole florentine*

Le Sacrifice d'Abraham.

Isaac est sur le point d'être immolé ; mais, touché de la foi du père, et de la soumission du fils, Dieu envoie un ange pour arrêter la main d'Abraham, et substituer un bélier à cette victime chérie.

Ce beau tableau se voyait au Musée de Paris, sous le n.° 12 ; *haut. 6 p. 6 p. , larg. 5 p.*

9. Philippe de CHAMPAGNE.

Invention des reliques de saint Gervais et de saint Protais, en présence de saint Ambroise, archevêque de Milan, et de plusieurs autres prélats ; *haut.* 11 *pieds* 3 *pouces , larg.* 21 *pieds.*

10. — Jean Byler , né à Utrech en 1603. *Ecole flamande.*

La Marchande d'esclaves ; *haut.* 3 *pieds 6 p. , larg.* 5 *pieds.*

11.—Jacques JORDAENS , né à Anvers en 1594, mort dans la même ville en 1678. *Ecole flamande.*

L'Adoration des Bergers.

La Sainte Vierge tient dans ses bras le Messie qui vient de naître. Des bergers se prosternent, en lui faisant hommage de leurs offrandes rustiques. L'un lui apporte des oiseaux, l'autre lui présente une coupe remplie de lait , tandis qu'un troisième égaie la scène par les accords de son chalumeau. Saint Joseph, appuyé sur un bâton, sourit à la piété touchante de ces pasteurs. Ce tableau se voyait autrefois dans l'Eglise des Chartreux de Lyon ; *haut.* 5 *pieds* 6 *pouces larg.* 4 *pieds* 8 *pouces.*

12.—BON BOULLOGNE, né à Paris en 1649, mort dans la même ville en 1717. *Ecole française.*

Sortie de l'Arche.

Noé et ses enfans rendent grâces à Dieu d'avoir échappé au déluge. Les animaux sortent de l'arche ; *haut.* 3 *pieds , larg.* 4 *pieds.*

13.—Incendie d'un village; attribué à STÉEN; *haut.* 3 *pieds* 5 *pouces , larg.* 4 *pieds* 7 *pouces.*

14. François DESPORTES.

La chasse au sanglier ; (*h.* 7 *pieds, l.* 9 *pieds*).

15.—Pierre-Paul RUBENS, né à Colgné en 1577, mort à Anvers en 1640, élève d'Ottovenius. *Ecole flamande.*

Saint François, saint Dominique, et plusieurs autres Saints, préservent le monde de la colère de Jésus-Christ.

Ce tableau a été exposé long-temps au Musée de Paris, il est d'une couleur et d'un effet admirables; *haut.* 17 *pieds* 1 *pouce , l.* 11 *pieds* 2 *p.*

16.—Jean Benedette CASTIGLIONE , né à Gênes en 1616 , mort à Mantoue en 1670.

Une Marche d'animaux ; *haut.* 2 *pieds* 10 *pouces , larg.* 4 *pieds* 3 *pouces.*

17.—L'adoration des Rois: *Ecole italienne* ; *haut.* 3 *pieds , larg.* 4 *pieds* 5 *pouces.*

18.—François SNYDERS , né à Anvers en 1579 , mort dans la même ville vers 1657 , élève de Van Baelen.

Une Table de cuisine.

Elle est couverte de viande et de gibier de toute espèce. On aperçoit , au bas, une chatte cherchant à saisir la tête d'un paon , tandis que ses petits jouent avec des oiseaux morts, placés dans un panier.

Ce tableau était au Musée de Paris, sous le n.º 555; *haut. 8 pieds 3 pouces , larg. 10 pieds 4 pouces.*

19.—Jean-Jacques de BOISSIEUX , né à Lyon en 1736, mort dans la même ville en 1810.

Le Ballon, dessin à l'encre de la Chine.

Ce Ballon, le premier qui fut lancé dans l'hiver de 1784 , a été dessiné pour conserver à la postérité l'époque de cette invention remarquable. M. de Boissieux s'est représenté lui-même dans la foule, avec toute sa famille. La scène se passe aux Brotteaux: le fond du paysage représente la vue de l'Hôpital et du coteau de Fourvières ; *h. 1 pied 10 pouces , larg. 1 pied 9 pouces.*

Donné au Musée par la famille de l'Auteur.

20. Dessin à l'encre de la Chine, représentant une vue de Rome , *Rippa-Grande* , dans le fond, on distingue l'hôtel des Maltais.

Ce bel ouvrage a été donné au Musée par la famille de M. de Boissieux , après la mort de l'auteur ; *h. 1 pied 9 pouces , l. 1 pied 7 pouces.*

21 et 21 *bis.* — Portraits de M. de la Salle , habile mécanicien , et de M. Montgolfier , inventeur des aérostats : l'un au crayon noir , et l'autre à la mine de plomb , par le même , n.º 27 ; *haut. 9 pouces , larg. 8 pouces : 27 bis ; haut. 10 pouces , larg. 9 pouces.*

22. — Clair de lune , paysage pris sur les bords du Rhône , par Bidault; *haut. 1 pied 10 pouces , larg. 2 pieds 6 pouces.*

23.—La pluie d'or de Danaé ; attribué à TINTORET ; *h. 4 pieds 4 p. , l. 5 pieds 6 p.*

24.—Imitation d'une Vierge du CORRÉGE , *haut. 5 pieds 9 pouces , larg. 4 pieds 9 pouces.*

25.—M. A. DUCLAUX, de Lyon, élève de l'École des Beaux-Arts de cette ville.

Deux taureaux jouant ensemble sur le devant d'un paysage.—Un site pittoresque pris aux environs de Lyon, des animaux purement dessinés et peints avec esprit, une composition pleine de goût et d'intérêt, se font remarquer dans ce charmant tableau. Voici ce que dit à ce sujet le Moniteur universel, à la date du 9 octobre 1819 : « On trouve à citer l'école de Lyon dans toutes » les branches de l'art, dans la sculpture comme » dans la peinture, dans les paysages et les ta- » bleaux d'intérieur comme dans les sujets d'his- » toire. M. Duclaux a exposé des paysages et » des tableaux d'animaux; ses compositions sont » riantes, d'une couleur vraie et enrichie de fi- » gures qu'il dessine avec esprit, etc. »

S. Exc. le Ministre de l'intérieur, qui ne cesse d'encourager les Beaux-Arts, a bien voulu donner cet ouvrage au Musée de Lyon ; *haut. 3 pieds 9 pouces, larg. 4 pieds 1 pouce.*

26. — Jean JOUVENET, né à Rouen en 1644, mort à Paris en 1717 ; élève de son père Laurent Jouvenet.

Les vendeurs chassés du Temple.

Jésus-Christ, armé d'un fouet, entre dans le parvis du temple, renverse les tables des Changeurs et des Marchands effrayés. Ce tableau capital se voyait autrefois au Musée de Paris ; *haut. 12 pieds, larg. 20 pieds 5 pouces.*

27.—Antoine VANDICK, né à Anvers en 1599, mort à Londres en 1641, élève de Rubens.

Deux têtes d'étude, qu'on pourrait prendre,

pour celles de saint Pierre et de saint Paul ; *haut.*
1 *pied* 6 *pouces* , *larg.* 1 *pied* 9 *pouces.*

28.—Sebastien BOURDON , né à Montpellier en 1616 , mort à Paris en 1671.

Portrait d'un Militaire ; *haut.* 1 *pied* 4 *pouc.* ,
larg. 1 *pied* 2 *pouces.*

29.—Michel GROBON de Lyon , membre de l'Académie et professeur à l'Ecole des Beaux-Arts de cette ville.

Le petit Remouleur ; *haut.* 1 *pied* 3 *pouces* ,
larg. 1 *pied.*

30.—Un jeune élève , préparant les couleurs de son maître ; *h.* 1 *pied* 3 *pouces* , *larg.* 1 *pied.*

31. TRIMOLET de Lyon, élève de M. Revoil.

Un jeune Mécanicien suspend son travail pour écouter les leçons de son Maître.

Cet ouvrage , qui a eu un grand succès au Salon de 1819, a fixé le réputation de son jeune Auteur qui s'était déjà fait remarquer par un fini précieux, une vigueur de coloris et un faire suave, dignes des meilleurs peintres flamands.

M. le docteur Eynard , qui se trouve représenté dans ce tableau , a bien voulu en faire présent au Musée de Lyon ; *h.* 1 *p.* 8 *p.*, *l.* 1 *p.* 4 *p.*

32.—Un taureau et autres animaux dans le fond d'un paysage, tableau flamand dans le genre de Vandeveld ou de Karel Du Jardin ; *haut.* 1 *pied* , *larg.* 9 *pouces* 6 *lignes* ; acquis par les soins de M. Evesque.

33.—La Maîtresse du Padouan. *Ecole vénitienne ; h.* 1 *pied* 5 *pouces, larg.* 1 *pied* 1 *pouce.*

34.—Le Pigeonnier de la Roche-Cardon, par M. Grobon.

Ce tableau et le n.° 35 ont été achetés par la ville ; *haut.* 1 *pied* , *larg.* 1 *pied* 6 *pouces.*

35.—David rendant grâce à Dieu d'avoir tué Goliath.

Le redoutable géant est renversé, sa tête est séparée du tronc. David, les bras élevés vers le ciel, rend grâce à Dieu d'une victoire si éclatante : l'horison s'obscurcit, un éclair sillonne les nues, et l'armée des Philistins prend la fuite.

Ce tableau, attribué à PERRIER de Mâcon, a quelque chose de la manière d'Alexandre Véronèse ; *haut. 4 pieds, larg. 5 pieds 6 pouces.*

36.—Jacques STELLA, né à Lyon en 1596, mort à Paris en 1647. *Ecole française.*

L'Adoration des Anges.

L'enfant Jésus, dans les bras de la Vierge, est adoré par les esprits célestes. Dans le nombre de ceux qui considèrent l'humble crèche où vient de naître le Sauveur du monde, il en est un qui soulève et baise, avec respect, la paille sur laquelle il a reposé. Dans la partie supérieure du tableau, de petits Anges déploient la légende : *Gloria in excelsis ;* Dieu le Père et le Saint-Esprit apparaissent dans leur gloire, et semblent fixer l'attention de Marie. Ce tableau était autrefois dans la Chapelle des peintres, à Saint-Bonaventure; *h. 4 pieds 6 pouces, l. 6 pieds 2 pou.*

37.—Fleury RICHARD de Lyon, chevalier de la légion-d'honneur, peintre de S. A. R. Monsieur, Comte d'Artois, et professeur de peinture à l'école royale des Beaux-Arts de cette ville.

(Ververt.)

Sœur Rosalie, au retour des matines,
Plus d'une fois lui porta des pralines.

C'est dans ces vers que M. Richard a puisé le sujet de ce petit chef-d'œuvre , presque aussi connu que le poème de Gresset.

L'Autorité municipale désirant avoir un des meilleurs ouvrages de cet habile artiste , s'est empressé d'acquérir ce tableau pour le Musée; *haut.* 1 *p.* 7 *p.* 6 *l.* , *larg.* 1 *p.* 3 *p.* 6 *l.*

38.—David TENIERS le père , élève de Rubens, né à Anvers en 1582 , mort dans la même ville en 1649.

Des soldats jouent dans un corps de garde , tandis qu'un ange délivre St.-Pierre de la prison.

Ce tableau, un des plus vigoureux et des plus capitaux de D. Teniers , offre des détails infiniment précieux pour l'étude de la peinture. C'est en faire l'éloge d'ailleurs , que de dire qu'il a été choisi , ainsi que le suivant , dans le cabinet de M. Eynard de Paris, par M. de Lézay-Marnésia, préfet du Rhône , et M. Magneval , député du même département; *h.* 1 *p.* 9 *p.*, *l.* 2 *p.* 4 *p.*

39. — Gérard TERBURG , né en 1608 à Zwol, dans la province d'Ovérissel , mort à Deventer en 1681.

Une dame assise, lit une lettre qu'un exprès vient de lui apporter; *h.* 1 *p.* 6 *p.*, *l.* 1 *p.* 2 *p.*

L'achat de ces deux tableaux précieux est dû, en grande partie , à la munificence du Roi et à la protection de S. Exc. le Ministre de l'Intérieur.

L'Autorité municipale de Lyon a voulu contribuer à l'acquisition de ces beaux ouvrages.

40.—Léandre BASSAN.

Charles VIII, victorieux, recevant la couronne de Naples sur le champ de bataille ; *h.* 7 *pieds* 2 *pouces* , *larg.* 11 *pieds* 2 *pouces.*

41.—Pierre REVOIL de Lyon, professeur

honoraire à l'Ecole des Beaux-Arts de cette ville, membre de l'Académie, peintre de S. A. R. Madame Duchesse d'Angoulême, et chevalier de la Légion-d'honneur. *Ecole lyonnaise.*

Un Tournoi.

Le sire Renaud et le Seigneur de Léon, à la tête de la noblesse bretonne, sont venus frapper un tournoi à Rennes; les joutes à la lance courtoise ont succédé à ce combat à la foule. Un jeune fils de preux entre en lice, et y triomphe de 14 chevaliers; tous désirent apprendre son nom. Renaud veut tenter de le vaincre; mais il baisse humblement sa lance devant lui. Alors un chevalier de Normandie, habile à faire sauter les *heaumes*, est envoyé contre cet inconnu. Vains efforts! le Normand succombe. Un héraut, assisté de deux poursuivans d'armes, accourt pour relever le vaincu, au moment où il est assez heureux pour frapper son adversaire au front, et lui soulever sa visière. Le héraut d'armes, qui reconnaît le fils de Renaud, son maître, élève la main et proclame le nom de Bertrand du Guesclin. Renaud, que la curiosité vient d'attirer sur les échafauds, témoigne la surprise et la joie. Le héraut de Léon sonne la victoire de Bertrand, tandis que les deux poursuivans rassemblent les tronçons des lances, et en délivrent de neuves. Dans le fond, au centre, la loge des quatre juges, Rohan, Saint Pern, Châtel-Brian et Beaumanoir. L'un d'eux montre le prix de la joute, qui est un cygne en argent. A droite et à gauche, les loges des dames, ornées des écus offerts par les vainqueurs. La duchesse de Bretagne

gne occupe le milieu de celle de gauche. La troupe des combattans paraît au bas d'une cathédrale. Au premier plan, est la principale entrée du champ clos, gardée par un soldat. Deux mâts portent les écus des chevaliers *tenans*, ainsi que les bannières du Tournoi, sur lesquelles on lit, en vieux langage : *à biaux faicts, biaux loz :* à belles actions , belles louanges (1).

Ce tableau précieux, exposé au salon de 1814, sous le n.° 762, a été donné par M. Revoil, au Musée de Lyon. Il sera toujours regardé comme un monument curieux, pour les costumes et les jeux guerriers des chevaliers français du 14.me siècle ; *haut. 4 pieds , larg. 5 pieds 4 pouces.*

42. — Les Aqueducs ajustés sur le devant d'une vue de Saint-Just, par M. GROBON; *haut. 2 pieds 1 pouce, larg. 3 pieds 1 pouce.*

43. — La vue de Saint-Jean, prise sur le quai de Saône ; *h. 1 pied 9 p , l. 3 pieds 1 p.*

Ces deux tableaux placent M. Grobon au premier rang parmi les peintres de l'Ecole lyonnaise, à laquelle il a su inspirer le goût et le fini précieux des grands maîtres flamands et hollandais. L'achat que l'Administration municipale a fait de ses ouvrages en différens temps , prouve l'estime singulière qu'elle a toujours eue pour la personne et les talens de cet habile professeur.

Ces deux derniers ouvrages ont été acquis en 1818 par les soins de MM. de Nollac et Gaspard Vincent , adjoints de feu M. le Maire de Lyon, Comte de Fargues.

Voici comment s'expriment à ce sujet la Revue

---

(1) Voy. Hist. de Bertrand du Guesclin. Liv. I. , ch. VI., p. 9.

philosophique , littéraire, et la Gazette de
France de 1806.

« Les différentes vues de cet Artiste sont
» charmantes par le naturel, la perspective, et
» surtout par la couleur et les effets du jour. Il
» est difficile de peindre plus vrai : on croit voir
» en effet des maisons, des rivières, des monta-
» gnes, l'air qui glisse sur tous ces objets, et le
» Soleil qui les éclaire.

» La vue de Lyon, prise du quai Saint-Antoi-
» ne, et celle des débris d'un aqueduc au-dessus
» de Lyon, étonnent surtout par le naturel des
» détails et la magie de la couleur. Il est vrai
» qu'on ne saurait choisir de plus jolis sites que
» ces rives de la Saône, si fraîches et si riantes :
» paysage enchanté qu'on ne peut quitter sans
» regret, ni se rappeler sans charme......

» Voilà bien la couleur chaude et vigoureuse
» des fabriques de nos provinces méridionales ;
» voilà bien ces eaux limpides de la Saône et du
» Rhône, ces coteaux brillans de Soleil, ces om-
» bres fortement projettées, et cependant trans-
» parentes et reflétées. On peut mettre au rang
» des meilleurs tableaux du Salon, cette vue de
» la Cathédrale et des quais de Lyon ; cependant
» l'art du peintre n'a rien changé, rien ajouté,
» mais tout est rendu avec une vérité extraordi-
» naire. La touche est fine et recherchée , sans
» cependant sentir la peine et le travail. Au
» reste , il est difficile d'approcher plus près de
» l'effet de la lumière et de l'éclat du Soleil ; et
» ce mérite fort rare parmi les paysagistes , est
» peut-être le plus important. »

44.—Bonaventure PETERS, né à Anvers
en 1714 , mort dans la même ville en 1652.

Une Marine , Tempête.

Un navire vient d'échouer contre des écueils ,
près d'un vieux phare : des marins jettent des
cordes à des malheureux naufragés; *haut.* 2 *pieds*
6 *pouces , larg.* 3 *pieds* 4 *pouces.*

45.—Van WUTY. *Ecole flamande.*

Un Chasseur costumé à la mode du temps de
Louis XIV , est assis sur le devant d'un riche
paysage. Ce tableau a été accordé par S. E. le
Ministre de l'Intérieur ; *haut.* 3 *piéds* 3 *pouces ,*
larg. de même.

46.—Louis GALOCHE , né en 1670 , mort
en 1761.

L'Apothéose du Cardinal Fleury.

La Justice présente le portrait de ce Ministre
à la Lorraine , qui vient d'être réunie à la France.
L'Histoire écrit cet événement digne de mé-
moire , et foule aux pieds le démon de l'envie ;
haut. 4 *pieds* 5 *pouces , larg.* 3 *pieds* 6 *pouces.*

47.—Le Christ portant sa Croix.

Tableau gothique , du commencement du
16.me siècle. *Ecole flamande.*

Maître inconnu , dans le genre de Cranac;
haut. 3 *pieds* 3 *pouces , larg.* 3 *pieds.*

48.—M. Fructus , de Lyon.

La blanche Marguerite, d'après une romance
de M. Revoil ; *haut.* 1 *pied* 1 *pouce , larg.* 1
pied 3 *pouces :* donné au Musée par l'Auteur.

49.—BOUHOT.

Vue de la Cour du Château de Fontainebleau,
prise sous la porte dorée.

Ce tableau, d'un effet piquant et d'une grande
vérité , a été accordé par le Ministre de l'Inté-

térieur. S. Exc. , en faisant à M. le Maire un envoi de plusieurs tableaux , a daigné en promettre deux autres plus considérables : Le bon Samaritain de Drolling et Ulysse chez Circé , par Paulin Guérin.

« Le talent des peintres qui ont été chargés » de l'exécution de ces tableaux (dit S. Exc.), » donne lieu d'espérer que ces compositions » seront dignes d'être offertes à une Cité qui » s'est signalée au Musée royal , par le grand » nombre et par le mérite de son école. »

Ces expressions honorables , de la part d'un Ministre ami des arts, qui ne cesse d'enrichir le Musée de Lyon , nous serviront assez pour répondre à l'auteur d'un pamphlet , qui prétend que notre Ecole a dégénéré depuis qu'il a cessé d'en être un des administrateurs.

50.—Jacques JORDAENS.

La Visitation.

Elisabeth paraît à la porte de sa maison , et accourt au-devant de Marie, qui lui tend les bras. Saint-Joseph , qui vient d'attacher sa monture , semble répondre au bon accueil que lui fait Saint-Zacharie.

Le n.° 17 du même peintre est dans sa manière vigoureuse. Les tableaux qu'il faisait dans des fonds clairs et argentins étaient plus estimés ; *haut. 8 pieds 8 pouces, larg. 5 pieds 7 pouces.*

51.—La ville de Lyon.

Tableau allégorique; donné par S. Eminence Monseigneur le Cardinal FESCH.

Attribué à COYPEL. *Ecole française ; haut. 6 pieds 4 pouces, larg. 10 pieds 4 pouces.*

52.—LAHYRE , né à Paris en 1606 , mort en 1656 , élève d'Etienne Lahyre et de Simon Vouet. *Ecole française.*

La Trinité.

L'Eternel, porté sur des nuages, soutient entre ses bras le corps de son fils immolé pour la rédemption des hommes. Le Saint-Esprit plane au-dessus de leurs têtes, et des anges groupés autour de la Sainte Trinité, paraissent méditer et gémir sur les souffrances de Jésus. On aperçoit, dans le fond du tableau , la montagne du Calvaire désignée par les trois croix plantées sur le sommet ; *haut. 9 pieds, larg. 5 pieds 6 pouces.*

53.—Le Christ sur la Croix. *Ecole de Vouet.*

La Mère de pitié et les saintes femmes éplorées , sont à ses pieds.

Donné par Monseigneur le Cardinal Fesch ; *haut. 6 pieds 6 pouces , larg. 4 pieds 6 pouces.*

54.—Nicolas MIGNARD , d'Avignon , né à Troie en 1668, mort à Paris en 1728. *Ecole française.*

L'auteur s'est représenté lui-même peignant une Vierge de la main gauche , afin de consacrer sans doute cette habitude, et de la faire connaître à la postérité ; *h. 4 pieds 9 p., l. 3 pieds 9 p.*

55.—Pietro Bereteni , dit le CORTONE , né à Cortone en 1596, mort en 1669. *Ecole flor.*

César répudie Pompeïa, et épouse Calpurnie. Ce tableau a été gravé par Robert Strange , on le voyait autrefois à Toulouse ; *haut. 7 pieds 9 pouces , larg. 8 pieds 2 pouces.*

56.—Saint Benoît et Sainte Claire , soutenus par des Anges , offrent leur cœur à la Sainte Vierge. Des chérubins répandent des fleurs sur ces bienheureux.

Ce tableau, attribué à STELLA, appartien-drait plutôt à la manière de LEBRUN ; *h. 4 pieds 5 pouces, larg. 2 pieds 11 pouces.*

57.—DUCIS, de Paris.

Mort du Tasse, au Couvent de St.-Onuphre, le jour même où il devait être couronné au Capitole.

« Tout était préparé au Capitole pour décer-
» ner au Tasse les honneurs du triomphe,
» quand le bruit se répandît dans Rome qu'il
» venait d'expirer. Aussitôt ses amis, ses parens,
» tous les admirateurs de son génie, se portent
» en foule au lieu de sa mort et veulent du moins
» rendre à sa dépouille mortelle une partie des
» honneurs qui lui étaient destinés. Son corps
» est exposé avec pompe sur un lit funéraire,
» et le Cardinal Cinthio, accompagné d'une
» partie de son clergé, vient lui-même placer,
» sur la tête de son ami, la couronne triom-
» phale.

Ce tableau, qui a paru avec succès au salon de 1819, a été accordé au Musée par S. Exc. le Ministre de l'Intérieur.

58.—Luca GIORDANO, né en 1632, mort en 1705. *Ecole napolitaine.*

S. Luc peignant la Vierge.

Luca paraît s'être représenté sous la figure de son Patron : tandis qu'il dessine les traits de la Vierge Marie, des anges s'empressent à soutenir son tableau et à préparer ses couleurs ; *haut 7 pieds 1 pouce, larg. 5 pieds 8 pouces.*

59. — Louis CARRACHE, né en 1555, mort en 1619.

Le Baptême de Jésus.

Jésus servi par les anges et baptisé par saint Jean dans les eaux du Jourdain.

Ce tableau se voyait au Musée de Paris , sous le n.º 877. *Ecole de Bologne.* ; *haut. 4 pieds 3 pouces , larg. 6 pieds 5 pouces*

60.—Sisto ROSA , ou BADOLOCCHIO , florissait en 1609 , il a suivi l'*Ecole de Bologne.*

La Vierge et l'enfant Jésus , sur un trône élevé , reçoivent les hommages de Saint Georges et de Saint Benoît. On voyait cette peinture au Musée de Paris , sous le n.º 794 ; *haut. 7 pieds 4 pouces , larg. 4 pieds 10 pouces.*

61. — Giuseppe Cesari , dit le JOSEPIN , mort en 1640. *Ecole napolitaine.*

Présentation de la Vierge.

Sainte Anne présente Marie au grand-prêtre, qui vient la recevoir , avec respect, sur le parvis du temple; *h. 5 pieds 10 pouces ; l. 4 pieds 3 pou.*

62.—Carlo Francesco Nuvolone , dit PAN-FILO, né en 1608, mort en 1661. *Ecole milanaise.*

L'Immaculée Conception.

La Sainte Vierge, couronnée par deux anges , les yeux baissés , les mains jointes, est portée dans les cieux par un groupe de séraphins ; *h. 6 pieds 9 pouces , larg. 4 pieds 5 pouces.*

63.—Joseph Ribera, dit l'ESPAGNOLET, né à Xativa en 1589, mort à Naples en 1656. *Ecole espagnole.*

On lit dans la légende, que le corps de saint François d'Assise ayant été transporté dans l'Eglise que Grégoire IX lui avait consacrée, on l'a vu long-temps placé dans une grotte , sous le grand-autel , où il s'était conservé debout , les yeux ouverts et tournés vers le ciel. Le peintre a choisi cette situation , et l'a rendu d'une manière effrayante ; *haut. 6 pieds 1 pouce , larg. 3 pieds 4 pouces.*

64.—Paolo Cagliari , dit Paul VÉRONÈSE , né à Véronne en 1532 , mort en 1588.

Betsabée surprise dans le bain par le roi David ; *haut. 7 pieds , larg. 7 pieds 4 pouces.*

65.—PALME le jeune , né à Venise en 1544 , mort en 1628. *Ecole vénitienne.*

Le Christ à la colonne.

Jésus environné de ses bourreaux armés de verges , souffre , avec résignation , les coups terribles qu'ils lui portent. Des soldats cuirassés, la lance au poing , considèrent attentivement cette scène d'horreur, qui se passe devant la porte du Prétoire.

Ce beau tableau fut perdu pendant la révolution , il a été retrouvé par feu M. Mayeuvre de Champvieux , qui s'empressa d'en faire l'acquisition pour le compte de la ville ; *haut. 5 pieds 2 pouces , larg. 3 pieds 5 pouces.*

66.—Pietro VANUCI , dit le PÉRUGIN , né à Pérouse en 1446 , mort en 1524.

Ce tableau n'est qu'un des volets d'un ouvrage plus considérable ; il représente saint Jacques et saint Grégoire , qui étaient les patrons du donateur ; *haut. 5 pieds 2 pouces , l. 2 pieds 9 pouces.*

67.—Philippe de CHAMPAGNE.

L'Adoration des Bergers.

Le Sauveur vient de naître sous le chaume : la Sainte Vierge et des bergers, pénétrés d'admiration et de respect, se prosternent devant lui. L'un de ces adorateurs rustiques lui apporte un agneau ; des anges radieux proclament sa gloire dans le ciel. Le fond du tableau représente la ville de Bethléem, au-dessus de laquelle brille l'étoile miraculeuse : *haut. 12 pieds 2 pouces , larg. 7 pieds 6 pouces.*

68.—Jean BREUCHEL de Velours , né à Bruxelles vers 1589 , mort vers 1642 , élève de Pierre Goekindt. *Ecole flamande.*

L'air , représenté par Uranie entourée d'instrumens d'optique et d'astronomie, et d'oiseaux de toute espèce. Les figures sont de Van Baelen: *haut. 1 pied 4 pouces , larg. 2 pieds 6 pouces.*

69.—La terre , figurée par le paradis terrestre, dans lequel se trouvent rassemblés les fleurs , les fruits , les animaux , et jusqu'aux insectes de tous les climats ; *haut. 1 pied 4 pouces , larg 2 pieds 6 pouces.*

70. Giacomo Robusti , dit le TINTORET , né à Venise en 1512 , mort en 1594. *Ecole vénitienne.*

Ex Voto.

La Vierge et l'enfant Jésus, sainte Catherine , saint Augustin , saint Joseph et saint Jean; *h. 6 pieds , larg. 9 pieds 8 pouces.*

71.—Antoine-François Vander MEULEN, né à Bruxelles en 1654 , mort à Paris en 1690, élève de Pierre Snayers.

Vue de la ville de Lille, du côté de Fives , et l'armée de Louis XIV , devant la place, en 1667; *haut. 6 pieds 9 pouces , larg. 9 pieds 4 pouces.*

72.—La Sainte Famille en repos dans un très-beau paysage , d'après le Poussin ; *haut. 2 pieds 6 pouces , larg. 4 pieds 6 pouces.*

73.—Pietro PERUGINO, maître de Raphael.

L'Ascension de Jésus en présence de la Vierge et des Apôtres; celui qui est placé derrière Saint Jean, et qui regarde le spectateur, est selon quelques personnes le Pérugin lui-même.

Ce tableau précieux était au Musée de Paris, sous le N.º 1097.

A la prière de M. le comte Roger de Damas, le Pape Pie VII a accordé ce tableau à la ville de Lyon.

La lettre que S. S. a fait adresser à M. le Gouverneur, est remplie d'expressions extrêmement honorables pour les habitans de cette ville.

La viva memoria (y est-il dit) *che il Santo Padre conserva delle testimonianze di divozione e di attacamento date alla sua sacra Persona dal Popolo Lionese tutte le volte che è transistato per codesta città, e della religione che la distingue ; non le ha permesso di negare ad un popolo si ben merito, la grazia che egli ha domandato.*—Le St. Père termine sa lettre en disant qu'il donne ce tableau.—*In attestato del suo affetto della grata sua rimembranza per la citta di Lione ; haut.* 10 *pieds, larg.* 8 *pieds* 2 *pouces.*

74.—Gaspard de CRAYER, né en 1582, mort en 1669. *Ecole flamande.*

Saint Jérôme dans le désert, se frappant la poitrine avec une pierre, *haut.* 6 *pieds, larg* 8 *pieds* 10 *pouces.*

75.—Vander MEULEN.

Vue de la ville et du port de Calais, du côté de la terre ; *haut.* 6 *pieds* 10 *pouces, larg.* 9 *pieds* 10 *pouces.*

76.—Gio-Francesco Barbieri , dit le GUER-

CHIN, né à Certo en 1590, mort en 1666. *Ecole de Bologne.*

La Circoncision de Jésus-Christ.

La cérémonie de la Circoncision a lieu en présence de la Sainte Vierge et de Saint Joseph : la douleur fait jeter des cris à l'enfant Jésus ; il se tourne vers sa mère en lui tendant les bras ; *haut.* 12 *pieds* 9 *pouces, larg.* 8 *pieds* 2 *pouces.*

Ce beau tableau provient du Musée de Paris.

77.—L'eau exprimée par un fleuve et une naïade portant à l'Océan le tribut de leurs eaux. Leurs rives sont couvertes de poissons et de coquillages de tout genre. Les figures sont de Van Baclen ; *h.* 1 *pied* 4 *pouces, l.* 2 *pieds* 6 *pouces.*

78.—Le feu représenté par des forges, des fonderies et autres usines animées par cet élément, ainsi que par les nombreux produits de ce genre d'atelier ; *haut.* 1 *pied* 4 *pouces, larg.* 2 *pieds* 6 *pouces.*

Ces deux tableaux complètent les quatre Elémens de BREUCHEL de Velours.

79.—Joseph PARROCEL, né à Brignoles en Provence en 1648, mort à Paris en 1704, élève de Bourguignon.

Une halte de quelques cavaliers, après une bataille : l'un d'eux, le drapeau à la main, se désaltère au bord d'un ruisseau ; *haut.* 5 *pieds* 7 *pouces, larg.* 4 *pieds* 5 *pouces.*

80.—Erasme-QUELLINUS, né à Anvers en 1607, mort dans la même ville en 1678. *Ecole flamande.*

Saint Jérôme, assis et les mains jointes, paraît méditer sur le néant de la vie humaine ; le lion, son compagnon fidelle, est couché paisiblement à ses pieds. Une tête de mort, un crucifix et quelques livres de prières, sont les seules richesses de ce pieux anachorète.

Quoique ce tableau ait été attribué à Quellinus, son dessin gothique ferait présumer qu'il est l'ouvrage d'un maître plus ancien ; *haut.* 5 *pieds* 2 *pouces*, *larg.* 3 *pieds* 9 *pouces.*

81.—Paul RUBENS.

L'Adoration des Mages.

Les Mages ont découvert le lieu de la naissance du Messie : le plus âgé d'entr'eux se prosterne pour l'adorer, et baise ses pieds avec respect. La suite nombreuse de ces princes se montre empressée de jouir de la vue du divin enfant.

Rubens s'est plu à répéter ce tableau avec quelques changemens ; *haut.* 7 *pieds* 7 *pouces*, *larg.* 10 *pieds.*

82.—Guido Reni, dit le GUIDE, né à Calvenzano, près Bologne, en 1575, mort en 1642. *Ecole lombarde.*

L'Assomption.

Marie, radieuse et triomphante de la mort, est ravie au ciel par les anges, une foule de séraphins environnent son auréole, et la contemplent dans sa gloire ; *haut.* 7 *pieds* 5 *pouces*, *larg.* 4 *pieds* 10 *pouces.*

83.—Paul VÉRONÈSE.

Moyse sauvé des eaux.

La fille de Pharaon richement vêtue à la manière des Vénitiennes, jette un regard protecteur sur Moyse que des archers viennent de découvrir sur les eaux du Nil. Des femmes, des esclaves et un nain, sont présens à cette scène.

On croit que Paul Véronèse a voulu représen-
ter toute sa famille sous les traits des personna-
ges de ce tableau ; *haut.* 3 *pieds* 11 *pouces*,
larg. 3 *pieds* 6 *pouces.*

84.—Giovani LANFRANCO, dit LAN-
FRANC, né à Parme en 1580, mort à Rome
en 1647. *Ecole bolonaise.*

Saint Conrad.

Un ange lui apparaît pendant qu'il est en prière;
haut. 7 *pieds* 6 *pouces*, *larg.* 4 *pieds* 6 *pouces.*

85.—Cagliari VÉRONÈSE, dit CARLO, né
en 1570, mort en 1595, élève de Paul Véronèse son père. *Ecole vénitienne.*

L'Adoration des Rois.

Marie présente Jésus à l'adoration des Mages,
Saint Joseph soulève une partie du linge qui le
dérobe à leurs regards. Les trois rois et les pages
qui portent leurs présens, sont vêtus à la manière vénitienne. Ces derniers sont couverts de
just-au-corps armoriés devant et derrière; *hauteur*
4 *pieds*, *larg.* 8 *pieds* 11 *pouces.*

86.—Jacques JORDAENS.

La Sainte Vierge assise dans l'étable, présente
le divin enfant à l'adoration des Pasteurs. Parmi
les présens rustiques que ces bonnes gens appor-
tent à Jésus, on distingue une coupe de lait,
un agneau, des colombes, emblêmes de sa
douceur et de sa bonté.

Ce tableau étoit au Musée de Paris, sous le
N.° 380; *h.* 7 *pieds* 6 *pouces*, *l.* 6 *pieds* 4 *pouces.*

87.—Augustin CARRACHE, né en 1557,
mort en 1602.

Portrait d'un chanoine de Bologne, acquis
par les soins de feu M. le comte de Sathonnay,

haut. 3 pieds 11 *pouces , larg.* 2 *pieds* 11 *pouces.*

88.—Aubin VOUET , né à Paris. *Ecole française.*

Sainte Paule faisant l'aumône.

Sainte Paule, issue d'une des plus illustres familles de Rome , distribue de l'argent à des pauvres placés à la porte d'un temple. Elle donne des leçons de charité à sa fille Sainte Eustochie, et des anges semblent montrer à l'une et à l'autre la récompense qui les attend ; *haut.* 7 *pieds* 4 *pouces , larg.* 4 *pieds* 7 *pouces.*

89.—Albert DURER, né à Nuremberg en 1470, mort en 1528. *Ecole allemande.*

L'Empereur Maximilien I. et Catherine sa femme , sont à genoux devant la Sainte Vierge et l'enfant Jésus. qui posent sur leurs têtes des couronnes de fleurs, apportées par des anges. Parmi les spectateurs de cette scène gracieuse , on remarque Albert Durer lui-même, tenant un rouleau de papier où il a inscrit son nom. Le portrait de ce maître, gravé par Kilanus, paroît être copié d'après ce tableau ; *haut.* 4 *pieds* 10 *pouces, larg.* 4 *pieds* 2 *pouces.*

90.—Un vieillard en méditation , attribué à VANMOL , acheté par le conservatoire des Arts ; *haut.* 2 *pieds* 4 *pouces , larg.* 2 *pieds.*

91.—Jacques VANOOST , né à Bruges vers 1600, mort dans la même ville, en 1671.

Un jeune homme , vêtu de rouge et coiffé d'un bonnet de poil, reçoit un billet qui lui est apporté par une vieille femme.

Acquis par les soins de M. le comte de Sathonnay ; *h.* 3 *pieds* 4 *pouces, l.* 2 *pieds* 5 *pouces.*

92.—Portrait d'un jeune homme flamand , vêtu de noir , avec une fraise blanche ; attribué à VANHAEST ; *haut. 2 pieds 2 pouces, largeur 1 pieds 8 pouces.*

93.—Jeune femme , vêtue de noir , avec une fraise blanche.

Ce portrait fait pendant avec celui du n.° 78. Il est du même artiste ; *h. 2 pieds 2 p., l. 1 pied 8 p.*

94.—FABRE, de Montpellier, élève de David. Le crucifiement de Saint Pierre, d'après le Guide.

Trois bourreaux préparent le supplice du saint apôtre, qui va bientôt être cloué sur une croix renversée. L'un d'eux s'efforce de le hisser à l'aide d'une corde ; un autre soulève la tête et les épaules de la victime ; tandis que le troisième , prêt a enfoncer un clou dans ses pieds , est tout-à coup ébloui par un rayon divin qui vient suspendre son action barbare , et éclairer vivement la tête et le corps du glorieux martyr ; *haut. 9 pieds 9 pouces ; larg. 5 pieds 8 pouces.*

95.—GARNIER.
Le Christ mort sur les genoux de la Vierge ; d'après Annibal Carrache.

Le corps du Christ , privé de la vie , repose sur les genoux de sa mère ; près d'elle , Magdeleine , debout et appuyée sur le sépulcre , essuie avec ses cheveux les pleurs dont ses joues sont innondées. A gauche , Saint François , les bras croisés sur sa poitrine , médite profondément sur les plaies de Jésus , que deux anges lui indiquent en les arrosant de leurs larmes ; *haut. 8 pieds 8 pouces, larg. 5 pieds 8 pouces.*

96.—PERRIN, élève de David. *Ecole Française.*
Le Christ mis au tombeau , d'après le Caravage.

Le corps du Christ est prêt à être déposé dans le sépulcre par Saint Jean, assisté de Nicodème, en présence des trois Marie éplorées.

Ces belles copies avaient été faites à Rome pour le Roi. Ce sont les seules que le directeur du Musée a cru pouvoir se permettre de placer dans la Galerie ; *haut.* 9 *pieds* 4 *pouces* , *larg.* 6 *pieds* 2 *pouces.*

SALLE DES ANTIQUES.

1.—**T**HÉODORE Van THULDEN, né à Bois-le-Duc en 1607. *Ecole flamande.*
Le Christ sur la Croix.

Jésus crucifié tourne ses regards vers son père: la Magdeleine, pénétrée d'amour, embrasse le pied de la Croix, et considère, en pleurant la situation cruelle du Rédempteur de hommes.

Avant la révolution, ce tableau avait une réputation trop grande. On y admirait surtout l'expression de la Magdeleine. Il était attribué à Rubens, et placé dans l'Eglise des Pénitens dit Confalons.

Il est cité avec éloge dans un ouvrage intitulé : Voyage d'un ami des Arts ; *hauteur 9 pieds 7 pouces, largeur 6 pieds 3 pouces.*

2.—Jean JOUVENET.
Le Repas chez Simon le Pharisien.

Parmi les spectateurs qui sont à droite dans la salle du festin, on remarque le peintre Jouvenet qui s'y est peint avec sa famille ; ce tableau se voyait autrefois au musée de Paris sous le n.° 53; *haut. 12 pieds ; larg. 20 pieds 5 pouces.*

3.—Salomon CONING, né en 1609. *Ecole hollandaise.*
Le sacrifice de Manué.

L'ange prédit à Manué et à sa femme qu'ils auront un fils (Samson) extrêmement fort, et animé de l'esprit de Dieu.

Donné par son Em. Mgr. le cardinal Fesch ; *haut. 7 pieds 10 pouces, larg. 7 pieds.*

4.—Charles LEBRUN, né en 1619, mort en 1690.

Louis XIV, ayant à ses pieds des nations vaincues, est présenté par Saint Louis à Jésus ressuscité. Le fameux Colbert est présent à cette scène mystique; *haut.* 14 *pieds* 9 *pouces, larg.* 8 *pieds* 1 *pouce.*

5.—PERRIN, élève de David. *Ecole française.*

Cyanippe, prince de Syracuse, ayant méprisé les fêtes de Bacchus, fut frappé d'une telle ivresse, qu'il fit violence a Cyané sa fille. L'île de Syracuse fut désolée aussitôt par une peste horrible, L'oracle répond que la contagion ne finira que par le sacrifice de l'incestueux. Cyané traîne elle-même son père à l'autel, et se tue après l'avoir égorgé; *h.* 12 *pieds* 5 *pouces, l.* 8 *pieds* 11 *pouc.*

6.—Thomas GONTET. *Ecole de Le Sueur.*

Le martyre de Saint-Gervais et de St-Protais; *haut.* 11 *pieds* 1 *pouce, larg.* 20 *pieds* 11 *pouces.*

On prétend que ce tableau a été commencé par Le Sueur, et qu'il a été fini par son élève Gontet.

7.—Nicolas LOIR, né à Paris en 1624, mort en 1679.

Diane et Endymion.

La mélancolique Phœbé, accompagnée du silence, surprend, à travers les voiles de la nuit, le berger Endymion endormi dans les bras du Temps; *h.* 9 *pieds* 7 *pouces, larg.* 7 *pieds* 1 *pouc.*

8.—Saint-Jean écrivant son évangile, attribué au DOMINIQUIN; *haut.* 7 *pieds* 4 *pouces, larg.* 4 *pieds* 7 *pouces.*

9.—La chasse de Diane, d'après le DOMINIQUIN; *haut.* 7 *pieds* 1 *pouce, larg.* 9 *pieds* 8 *pouces.*

10.—Un prophète et deux anges , d'après
RAPHAEL.

L'original à fresque se voit dans l'église de
Saint Augustin , à Rome. Cette copie avait été
faite pour le Roi ; *haut. 6 pieds 8 pouces , larg.
4 pieds 6 pouces.*

XI et XII. Deux Bustes en marbre blanc, par
Mlle Julie Charpentier, l'un représentant M. Vien,
Restaurateur de la peinture dans le 18e siècle ;
l'autre Gérard Audran, célèbre graveur lyonnais.

Son Exc. le Ministre de l'Intérieur, qui ne
cesse d'enrichir le Musée de Lyon , a accordé ces deux portraits , ainsi qu'une statue
d'Euripide en plâtre , exécutée par M. Cortot.
Cette dernière est placée sous les portiques du
Palais.

XIII.—*Pandore.*

Cette figure en marbre , une des plus jolies
qui soit sortie du ciseau de M. Cortot , a été
exécutée à Rome. Le Musée de Lyon la doit encore à la protection bienveillante de S. E. le
Ministre de l'Intérieur.

XIV.—Cette estampe représente un des plus
beaux tableaux du Titien , qui avait été perdu
ou ignoré pendant près de 200 ans. M. Georges
Hayter , peintre anglais , qui a eu le bonheur
de le découvrir à Venise , s'est plu à le faire
connaître par la gravure qu'il vient d'exécuter
lui-même, et dont il a bien voulu donner un
exemplaire au Musée de Lyon.

Le Musée de Lyon possède encore quelques Peintures qui n'ont pu être exposées dans cette galerie.

Le Directeur les a placé dans les salles de l'Administration. Néanmoins il croit devoir en faire ici l'énumération, afin de compléter l'inventaire des tableaux du Palais des Arts.

~~~~~

1.—LE Christ est mis au sépulcre, en présence de la Vierge, des saintes femmes et du disciple bien-aimé. *Ecole florentine.*

2.—LAGRENÉE fils.

Mentor et Télémaque.

3.—Tomas BLANCHET, né à Paris en 1607, mort à Lyon en 1689.

Une esquisse des peintures du grand escalier, et une de celle du plafond de l'hôtel-de-ville.

4.—D'après CIGOLI.

Debout sur les genoux de sa mère, le divin enfant cherche à saisir des fruits qui lui sont présentés par Sainte Anne. Saint Zacharie et Saint Joseph paraissent s'intéresser à cette action innocente.

5. —M. HEIM, peintre moderne.

La robe ensanglantée de Joseph, apportée à Jacob.

Tableau exposé au salon de 1817, et envoyé par S. Exc. le ministre de l'Intérieur.

6. — Le marchand d'écrevisses, d'après le CARAVAGE.

7. — La Foi, d'après le SUEUR.

8. — Portrait du duc d'Albe.
~~~~~

Maître inconnu.

9.— Hyacinte-Colin de VERMONT, né à Versailles, mort à Paris en 1761. *Ecole française.*

Le Mariage de sainte Catherine.

L'enfant Jésus est sur les genoux de sa mère, et met l'anneau nuptial au doigt de Sainte Catherine. Petit tableau rond.

10.—La Religion , d'après Le Sueur.

11. — Une Sainte famille. *Ecole lombarde.*

Maître inconnu.

12. — L'adoration des anges et des bergers, d'après les CARRACHES.

13.—Agar renvoyé par Abraham.

14.—Abraham et Isaac.

Deux pastiches dans le genre de REMBRAND.

15. — Pierre SUBLEYRAS , né à Uzès en 1699 , mort à Rome en 1749.

Le repos de la Sainte Famille en Egypte.

16.—GUERNEBROCH.

Vue de Paris , prise derrière le faubourg de Saint-Antoine.

17.—Le même.

Vue de Paris , prise en face du quai de l'Arsenal.

18.—Le même.

Vue de Paris, prise sur les hauteurs de Chaillot.

19.—Le même.

Vue de Paris prise du milieu de la Seine, en face du Pont-Royal.

20.—BLANCHET.

Portrait de Monseigneur de Villeroi , archevêque de Lyon.

21.—L'Apothéose de César.

22.—Jean BRENET , de Lyon.

Imitation d'un bas relief , représentant la Justice de Rome, à qui l'on présente une supplique.

23 et 24. — Deux tableaux de batailles.

Donnés par S. Em. le Cardinal FESCH.

25. — Portrait de MONSIEUR, comte de Provence, aujourd'hui LOUIS XVIII , exécuté en étoffe de soie, couleur de grisaille , il y a 40 ans , par M. de La Salle , chevalier de l'ordre de Saint-Michel.

26.— Portrait de S. A. R. MADAME, Duchesse d'Angoulème, également en étoffe de soie. Il appartient à la Chambre de commerce, qui l'a fait fabriquer par MM. Grand , frères.

27. — Chiffres des puissances alliées , exécutés sur un tissu velours et or , par M. Bony.

Six tableaux de fleurs , d'après BAPTISTE.

Un grand tableau de Sarrabat , en mauvais état , qu'on voyait autrefois dans l'Eglise des Jacobins.

Quarante petits tableaux d'oiseaux encadrés , peints à la Chine.

Quatre-vingts tableaux très-médiocres , sans cadres, en grisailles , peints sur verre , achetés par la société des Amis des Arts et du Commerce.

28.—Deux Pastiches ou portraits dans le genre de Rembrand.

29 et 30. — Deux grands dessins lavés à l'encre de la chine ou projet de distribution et d'embellissement pour l'intérieur et l'extérieur du Palais des Arts, par M. Cochet, professeur d'Architecture à l'Ecole royale de dessin.

GALERIE

DES PLATRES ANTIQUES,

Au second Etage.

On doit à M. le Baron Rambaud, Maire de Lyon, et au zèle de M. Evesque, Adjoint et Administrateur du Conservatoire des Arts, l'achevement de cette galerie qui forme pour ainsi dire un second Musée. M. le Préfet, Comte de Lézay-Marnésia, a obtenu de la munificence du gouvernement la collection qu'elle renferme.

N.°
1 (*à droite en entrant*) Jeune athelète rendant grâce aux dieux.
2 Adonis.
3 Faune en repos du capitole.
4 Euripide assis.
5 Vénus de Médicis.
6 Petite muse, (du cabinet de M. Artaud).
7 Groupe du Laocoon.
8 Diane, ajustant sa chlamyde.
9 Polymnie.
10 Cérès.
11 Apollon du Belvéder en petit.
12 Jupiter assis, (du cabinet de M. Artaud)
13 Esculape et Télesphore.
14 Diane à la biche.
15 Apollino.

N.°
16 Silène et le jeune Bacchus.
17 Euterpe.
18 Castor et Pollux.
19 Julie, fille d'Auguste.
20 Germanicus.
21 Antinous.
22 Petit Faune. Borghèse.
23 Apollon Sauroctone.
24 Pallas de Velletri.
25 Cérès de bout.
26 Hermaphrodite. Borghèse.
27 Vénus accroupie.
28 Cérès assise.
29 Gladiateur Borghèse.
30 Tireur d'épine.
31 Joueuse aux osselets.
32 Hermaphrodite.

FIN.

www.ingramcontent.com/pod-product-compliance
Ingram Content Group UK Ltd.
Pitfield, Milton Keynes, MK11 3LW, UK
UKHW021148140726
13695UKWH00005B/2001